Ludwig Eder:

Der Marterlmaler vom Königssee

Eine
Sammlung mit Texten
von
Dr. Josef Maidl

Impressum:

Autor:
Dr. Josef Maidl, Notar a. D.

Aufnahmen:
Markus Maidl, Dr. Josef Maidl

Herausgeber und Verlag:
Verlag Anton Plenk
Koch-Sternfeld-Straße 5
83471 Berchtesgaden
Telefon 08652/ 4474 – Fax 08652/ 66277
email: Plenk-Verlag@t-online.de
http://www.Plenk-Verlag.com

Lektorat:
Stefanie Zweckl, Bischofswiesen

Satz, Layout und Lithografie:
GL-Werbestudio Grassl & Lage, Berchtesgaden

Gesamtherstellung:
Haßfurter Tagblatt, A. Wollenweber KG, Haßfurt

1. Auflage Winter 2001

ISBN 3-927957-31-3

Vorwort

Diese Sammlung ist Ludwig Eder, dem Marterlmaler aus Schönau am Königssee, gewidmet. Sie soll dazu beitragen, dass das Werk dieses großen Idealisten auch noch unseren Nachfahren gegenwärtig und verständlich bleibt.

Der am 2. Oktober 1928 geborene Ludwig Eder entstammt einer alteingesessenen Bootsführerfamilie in Königssee. 40 Jahre lang übte sein Vater diesen Beruf aus und der Sohn Ludwig stieg als gelernter Schreiner mit 32 Jahren in dessen Fußstapfen. 32 Jahre lang war Ludwig Eder Königsseeschiffer, zuletzt Stegwart an der Endstation Salet. Sein Beruf und mehr noch die zahlreichen von ihm restaurierten und neu geschaffenen Marterl und Votivtafeln haben ihn weit und breit bekannt gemacht.

Das Aufstellen von Marterl beruht auf einem alten religiösen Brauch. Es soll daran erinnert werden, dass an einer bestimmten Stelle ein Mensch „unvorbereitet“, das heißt ohne die Sterbesakramente, verstorben ist. Früher war es da wohl jedem Vorübergehenden nicht nur eine Pflicht, sondern sogar ein Bedürfnis, für den Verstorbenen ein Gebet zu sprechen. So soll es im Berchtesgadener Land 1890 noch an die 200 solcher Marterl gegeben haben. Sie erzählen in Wort und Bild vom Tod, der hier einen Jäger, Wilderer, Holzfäller oder Pilger ereilt hat. Solche Marterl wurden schon immer von begabten Schreinern, die auch mit dem Pinsel umgehen konnten, hergestellt.

Die folgende Sammlung beschränkt sich aber nicht auf Marterl für „unvorbereitete“ Verstorbene. Vielmehr sind auch eine Reihe von Votivtafeln dargestellt, die Ludwig Eder erneuert, oder neu geschaffen hat. Dabei handelt es sich sowohl um solche, auf denen für die Heilung von einer Krankheit oder für die Rettung aus einer Gefahr gedankt wird, als auch um solche, auf denen die Hilfe Gottes oder von Heiligen erfleht wird. Landläufig werden Erstere auch „Dankmarterl“, Letztere auch „Bittmarterl“ genannt. In diesem weiteren Sinn soll das Wort „Marterl“ auch im Folgenden verstanden werden.

Nach dem letzten Krieg drohten die meisten dieser Marterl zu verkommen. Da ergriff etwa 1963 Ludwig Eder eine wohl einzigartige Selbsthilfe. Mit großem Einfühlungsvermögen und Können restaurierte er in seiner Freizeit zahlreiche Marterl. Dabei verwendete er statt der früheren Erdfarben leuchtende Acrylfarben, die weitaus beständiger sind. In Helmut Schöners 1982 erschienenen Buch „Das Berchtesgadener Land im Wandel der Zeit“ ist dem „Schreinermaler“ Ludwig Eder eine ganze Seite gewidmet und dort steht unter anderem: „Sein alleiniges Verdienst ist es, dass im Berchtesgadener Land in den letzten 10 bis 15 Jahren teilweise völlig verwitterte Marterl mit fast unleserlichen Texten

Ludwig Eder

renoviert oder durch neue eigene Arbeiten ersetzt wurden.“ Inzwischen ist die Zahl der von Ludwig Eder renovierten oder neu geschaffenen Marterl und Votivtafeln auf 110 angewachsen. Überall an den Wanderwegen sind sie anzutreffen und veranlassen Einheimische und Gäste auch heute noch und, wie wir hoffen, auch weiterhin zu einem stillen Gedenken.

Ludwig Eder war stets bestrebt, die Daten auf seinen Bildtafeln richtig wiederzugeben. Bei seinen Planungen zur Rekonstruktion oder zum Ersatz verwitterter oder verschwundener Bildtafeln musste er daher vielfach umfangreiche Nachforschungen in Kirchenbüchern und Gemeindeprotokollen anstellen. Im Durchschnitt hat er an einer Tafel, ganz gleich ob Renovierung oder Neuanschaffung, etwa drei Wochen gearbeitet. Niemals hat er dafür von irgend jemandem Spenden oder Zuschüsse angenommen, obwohl die eigenen Kosten für das Material der Tafeln und der Farben nicht gering waren. Er wollte, wie er betont, von der Darstellung des Unheils anderer Leute nicht auch noch Gewinn erzielen.

Als echte Volkskunst sind die Werke von Ludwig Eder durch Hörfunk- und Fernsehsendungen sowie durch Berichte in Zeitungen und Zeitschriften weit über Berchtesgaden hinaus bekannt geworden. Vielerorts sind von ihm geschaffene Marterl und Votivtafeln zu sehen. Sogar in einer Bergkapelle des Schweizer Kantons Graubünden hängen 10 Marterl von ihm.

Der heute über 70 Jahre alte Künstler ist weiterhin viel mit seinen Werken beschäftigt. Diese wollen nämlich laufend „gepflegt" werden. So hat er in den letzten Jahren vielen seiner Bildtafeln zum Schutz gegen Wind und Wetter und willkürliche Beschädigungen Glasplatten vorgesetzt. Auch sonst gilt es immer wieder, Nachschau zu halten und Schäden zu beseitigen, was oft weite Fußmärsche hoch hinauf erfordert. Ludwig Eder scheut dafür keine Mühe.

Die Bildtafeln und Beschriftungen dazu berichten über das „tragische Ereignis" meistens nur knapp. Die näheren Umstände erfährt man erst aus mündlichen Überlieferungen. Dafür ist Ludwig Eder eine ergiebige Quelle und der reiche Schatz seines Wissens ist, um nicht in Vergessenheit zu geraten, in den nachfolgenden Texten verwertet.

Möge dieses Büchlein dazu beitragen, dass sich dereinst nach Ludwig Eder wieder Idealisten finden, die seine Bildtafeln weiteren Generationen erhalten.

Berchtesgaden im Herbst 2001

Dr. Josef Maidl

Die Gefahren des Erzbergbaus am Königsberg

Dass es im Raum Berchtesgaden auch einmal Erzbergbau gegeben hat, schien den meisten fast vergessen zu sein. Ludwig Eder hat dagegen etwas unternommen. Zwei von ihm geschaffene Marterl erinnern noch heute sehr deutlich an den Bergbau am Königsberg in einer Höhe von etwa 1600 Meter am südlichen Abhang der Felsregion des Jenner. Gefördert wurden Blei- und Zinkdolomit sowie Wettersteinkalk, wobei von besonderem Interesse das im Bleierz enthaltene Silber war. Diesen Bergbau hat es schon vor 1700 gegeben. Aber erst anfangs des 18. Jahrhunderts wurden genaue Schmelzversuche gemacht. Ein Bericht aus dem Jahre 1714 besagt, dass aus 11 Zentnern Erz 20 Pfund Silber geschmolzen wurden. Damals waren bis zu 36 Arbeiter beschäftigt und es gab da oben bereits ein Poch- und Waschwerk nebst einer Schmelzhütte. Die Erzausbeute musste vom Königsberg über die steile Hochbahn nach Königssee gebracht werden. Eine besonders gefährliche Wegstrecke befand sich zwischen dem sogenannten Roten Kastl und dem „Bildstock Hirschgatter“. Es war üblich, so berichtet Ludwig Eder, dass beim Abtransport zu Beginn der gefährlichen Strecke gemeinsam ein Bittgebet und nach Überwindung derselben ein Dankgebet gesprochen wurde.

1

Das erste im Folgenden unter Nr. 1 abgebildete Marterl bezeugt den Tod von drei Bergknappen durch Blitzschlag im Sommer 1782. Es steht am Weg vom Königsberg zu den Königsbachalmen beim so genannten Lohmais und ist an einem Baum befestigt.

Das anschließend unter Nr. 2 dargestellte Marterl von dem Lawinenunglück im Februar 1810 steht nahe der noch sichtbaren Grundmauern der ehemaligen Bergwerksanlage. Das Poch- und Hammerwerk diente zur Zerkleinerung des Erzgesteins und Absonderung des erzarmen Gesteins. Es heißt, dass die drei Bergleute, die zugleich Bergknappen des Salzbergwerks Berchtesgaden waren, nach „glücklich vollbrachter Bergschicht“ auf dem Heimweg ins Tal durch eine Grundlawine den Tod erleiden mussten.

Die beiden Marterl bezeugen zugleich auch, wie überaus mühsam der Broterwerb der Bergknappen auf dem Königsberg gewesen sein muss. Zur harten Bergwerksarbeit kamen ja der lange, besonders im Winter sehr mühsame Aufstieg zum Bergwerk und Tage danach der nicht ungefährliche Abstieg. Welche Ordnung für die Arbeitszeit gegolten hat, ist heute nicht mehr bekannt. Aber es gab immerhin als Schlafstelle und Unterkunft für die Bergleute eine so genannte Bergkaue (Zechenhaus), an deren Stelle heute der Almkaser des Kramerlehens in Schönau steht (siehe Abbildung Nr. 3).

Ende des 19. Jahrhunderts wurde der Bergbau am Königsberg wegen Unrentierlichkeit eingestellt.

2

3

Die Wildderertragödie auf dem Dürreckerberg

Dieses schreckliche Wildererdrama vom 7. September 1807 hat Ludwig Eder besonders anschaulich dargestellt. Nach der Überlieferung hat sich das grausige Gemetzel nahe des Gipfels des Dürreckerberges in einer Höhe von etwa 1750 Metern abgespielt. Das nachstehend unter Nr. 4 abgebildete Marterl stand früher an einer wenig begangenen Stelle am Fuß des Berges. Um es vor weiterer Verwitterung zu bewahren, hat Ludwig Eder das Marterl vor einigen Jahren dem Heimatmuseum Berchtesgaden überlassen.

Ludwig Eder weiß über den Hergang der Tat zu berichten:

Die zwei Wilderer sind mit einem Getreidefuhrwerk aus dem Flachgau nach Berchtesgaden gekommen, um ihre Ladung Getreide gegen Salz aus der Saline Frauenreuth (später Gelände des Güterbahnhofes) umzutauschen. Ihre Pferde konnten sie dort einstellen und nach dem Umladen verschwanden sie in Richtung Hoher Göll, weil sie auch noch einen Gamsbock mit heimbringen wollten. Sie hatten auf dem Dürreckerberg mit mehreren Schüssen auch schon einen Gamsbock erlegt, als sie vom Förster Johann Wein vom Brüggenlehen in Königssee-Faselsberg und seinem Jäger Peter Geissler überrascht wurden. Beim Versuch, sie festzunehmen, stieß einer der Wilderer Johann Wein über die Felswand zum Pflugtal hinab. Peter Geissler konnte darauf den Mörder erschießen und den anderen Wilderer festnehmen und abführen.

Auf der Bildtafel ist nicht nur der erschossene Gamsbock, sondern auch eine Kraxen zum Abtransport des Wildes dargestellt.

Welche Strafe der überlebende Wilderer erhalten hat, ist nicht mehr bekannt. Berichtet wird auch noch, dass das Jagdrevier des Johann Wein entlang der Grenze zu Österreich von Oberau bis zum Seeleinsee gereicht hat.

Es wurde auch „Revier Brüggen“ genannt und der Förster war der jeweilige Inhaber des Brüggenlehens (heute Bergstüberl zum Lenz).

Am 7.9.1807 stießen die Jäger J. Wein
u. P. Geißler am Dürreckerberg auf 2
Wilderer. Wein wurde über die Wand
gestossen + ein Wilderer wurde erschossen.
Gedenket ihrer im Gebet!!!

Unglück beim Holzziehen

Auf diesem Marterl, das an der Hochbahn über dem Königssee angebracht ist, wird an das älteste, noch bekannte Unglück beim Holzziehen erinnert. Berichtet wird, dass der verunglückte Josef Wein mit seinem so genannten Hoaschlitten in einer Kurve aus der Bahn getragen und von den Holzstämmen erdrückt wurde. Geschehen ist dies auf einem heute nicht mehr bestehenden steilen Waldweg zwischen der Wasserfallalm am Abhang des Jenner und der Hochbahn gleich in der Nähe einer Waldlichtung, die im Volksmund Moasalm geheißen hat. Hier taucht eine erwähnenswerte Besonderheit der Almwirtschaft auf, nämlich die zeitlich begrenzte Vergabe von Almweiden durch die Forstbehörde an Kahlschlagflächen. Nach dem Berchtesgadener Mundartbuch von Franz Rasp ist das Moas (auch Mais) eine durch Holzschlag entstandene freie Fläche im Wald. Solche dann grasbewachsenen Waldblößen wurden vom Forstamt, bis die nachwachsenden Jungfichten eine bestimmte Größe erreicht hatten, an Bewerber als Almweide vergeben. Aber, so betont Ludwig Eder, ein Recht auf Schwendten (Entnahme von Holz) war damit in keinem Falle verbunden. Das Bauholz für die wohl nur provisorische Almhütte musste sich der Weideberechtigte anderweitig beschaffen.

Es mögen wohl immer nur wenige Stück Vieh gewesen sein, die auf solch einer Maisalm genügend Futter fanden. Die damalige Not der Menschen war aber Grund dafür, dass es genügend Bewerber für solche kurzfristige Weiderechte gab.

Das Marterl enthält als weitere Besonderheit die Darstellung des Fegefeuers mit einem knienden Beter davor. Das bedeutet eine sehr deutliche Aufforderung an den Vorübergehenden, für den so plötzlich Verstorbenen ein Gebet für dessen Seelenheil zu verrichten.

Josef Wein aus Königssee verunglückte
im Febr. 1824 tötlich b. Holzziehen.
Gedenket seiner und der armen Seelen!!

Sturz eines Jägers in den Königssee

Der Königsseeschiffer Ludwig Eder hat sich, wie er berichtet, während seiner Arbeit oft an tragische Ereignisse im oder am See erinnert. Er hat einige davon bildlich dargestellt oder sonst zum Gedenken daran beigetragen.

Davon liegt am weitesten zurück der Sturz des königlichen Försters Johann Horlacher in den Königssee am 28. Oktober 1836. Das Marterl selbst ist nicht am Unglücksort, sondern im Haus von Ludwig Eder aufbewahrt. Es stellt ziemlich deutlich dar, dass es da oben über der Falkensteinerwand etwa 200 Meter über dem See einmal eine Alm gegeben hat, nämlich die Falkensteinalm. Dahin führte von der heutigen Rodelbahn aus der jetzt verfallene Falkensteinersteig.

Über den genauen Hergang des Unglücks ist heute nichts mehr bekannt. Man muss sich aber fragen, warum sich der königliche Förster Horlacher so nahe an die Steilwand getraut hat. Vielleicht hat ihn die Jagdleidenschaft zum Leichtsinn verführt, oder es ist der Gamsbock schlauer als der Jäger gewesen.

Horlacher Kgl. Förster ist bei der
nsjagd, am 28.10.1836 von der
tenstein - Alm 200m. in den See
llen.
Gedenket seiner im Gebet!!! +

Tod eines Ruderers im Königssee

Das an der Falkensteinerwand zum Gedenken an den im See ertrunkenen Josef Wein angebrachte Marterl erinnert zugleich an die frühere Schifffahrt mit Ruderbooten auf dem Königssee. Die Abbildung zeigt ein Boot mit der Bezeichnung „Landauer". Diese Boote hatten eine sehr niedrige Bordwand und in der Mitte eine Sitzbank für bis zu zehn Fahrgäste. Die Bedienung des Bootes bestand in der Regel aus dem Bootsführer und zwei Ruderern. Verwendet wurden ziemlich lange, so genannte Kehrruder, die man beim Durchziehen im Wasser nach links drehte. Bei plötzlichem Gegendruck, z.B. beim Wenden des Bootes, konnte das eigene, recht schwere Ruder gefährlich werden. So wird erzählt, dass Josef Wein vom eigenen Ruder über die Bordwand gedrückt wurde und als Nichtschwimmer sofort untergegangen ist.

Anzumerken ist dazu, dass damals kaum einer von den Bootsleuten schwimmen konnte. Auch Einheimische, die schwimmen konnten, trauten sich damals noch nicht in den Königssee.

s. Wein aus Königssee, 51 Jahre
am 6.6.1917 aus dem Boot gefallen
im See verschwunden.
edenket seiner im Gebet !!!
+ + +

Gedenkmarterl beim Mitterling

Ein besonders hervorzuhebendes Verdienst von Ludwig Eder ist die Restaurierung der Kreuzigungsgruppe beim so genannten Mitterling in der Nähe der Schiffsanlegestelle Kessel. In Höhe des Mitterling (auch Mitterläng genannt) wechselte in der Zeit der alten Schifffahrt die zweite Rudermannschaft die erste Mannschaft der Ruderknechte ab. Die holzgeschnitzte Kreuzigungsgruppe, bestehend aus dem Kruzifix, der Mutter Maria und dem Apostel Johannes, war früher knapp über der Wasseroberfläche des Sees angebracht. Nach erhöhtem Wasserstand fing das Holz an zu verfaulen. Vor etwa zehn Jahren hat Ludwig Eder die Figuren mit Acrylfarben neu gefasst und, in einem neuen Holzrahmen, durch eine Glasplatte geschützt, etwa eineinhalb Meter über der Wasseroberfläche angebracht. Ganz allgemein wird durch die jetzige Beschriftung der im und am See Verunglückten gedacht. Darin eingeschlossen sind nach Ludwig Eder auch die im Jahre 1688 bei einem Gewittersturm im Königssee ertrunkenen 64 Wallfahrer aus Maria Alm. Im Sinne von Ludwig Eder soll dieses Marterl auch an ein Unglück im Jahre 1885 erinnern, das sich nahe dieser Stelle ereignet und zwei Holzknechten das Leben gekostet hat.

Über dieses Unglück wurde damals im „Berchtesgadener Anzeiger" wie folgt berichtet:

„Am 5. Februar nachts zwischen ein und zwei Uhr begaben sich fünf Holzknechte mit zwei unbeladenen Handschlitten von Königssee nach der Holzstube in der Au bei St. Bartholomä, um frühzeitig ihre dortige Arbeit beginnen zu können. In kurzer Entfernung von einander stachelten dieselben mittels Schlitten auf der dicken Eisfläche, welche mit einem leichten Nebel umgeben war, dahin, als in der Nähe von St. Bartholomä einer der Schlitten auf eine Fragel (so genannter Schlag) geriet. Die zwei Holzknechte, welche zu Fuß diese gefährliche Stelle überschreiten wollten, sanken sofort in die hier acht Klafter messende Tiefe und waren rettungslos verloren. Die Verunglückten, Nikolaus Esterle von Mitterbach und Michael Rasp vom Sappenlehen am Salzberg, standen im 21. und 24. Lebensjahre."

Dieser Bericht wurde der „Bergheimat", einer Beilage des Berchtesgadener Anzeigers, vom 12. 10. 1937 entnommen.

INRI
Zum Gedenken an die im und
† Verunglückten.
ihnen gnädig!!

Ein einziger Schuss tötet zwei Wilderer

Auf diesem Marterl, das nahe der Mitterkaseralm am Watzmann steht, ist eine besonders tragische Wilderergeschichte aus dem Jahr 1841 dargestellt. Der genaue Zeitpunkt ist nicht mehr bekannt, wohl aber der Ablauf des Geschehens. Ein forstamtlicher Jäger aus Ramsau hielt sich gerade in der Jagdhütte bei der Mitterkaseralm auf, als er nicht weit davon entfernt Schüsse hörte. In einiger Entfernung von der Hütte traf er auf zwei Wilderer aus Schönau, nämlich Johann Graf vom Malterlehen und Ulrich Maltan vom Punzenlehen, die er stellen und abführen wollte. Da machte einer der beiden eine Bewegung mit seiner Jagdwaffe, die der Jäger nur als Angriff verstehen konnte. Der Ramsauer Jäger war schneller und schoss auf die hintereinander stehenden Männer. Er traf dabei mit einem Schuss beide, und zwar den vorderen in den Hals und den anderen in die Brust. Beide erlitten tödliche Verletzungen, denen sie noch auf der Stelle erlagen.

Dass dieser Vorfall damals großes Aufsehen erregt hat, lässt sich denken.

n Graf 32 Jahre, Malterlehen
Malkan 39 Jahre, Punzenlehen
Schönau, wurden hier am 3.11.1841
Wildern erschossen.
Gedenket ihrer im Gebet !! +

Der ungeklärte Tod eines Jägers

Mit viel Phantasie hat hier Ludwig Eder den tragischen Tod eines Jägers dargestellt. Es steht darüber bei Helm in „Berchtesgaden im Wandel der Zeit“ auf Seite 393: „Der Forstgehilfe Landtaler wurde vermutlich am Regen (Kirchbichl) am 8.X.1848 von einem Wilderer erschossen.“ Aber bei so ungeklärten Fällen muss nicht immer ein Wilderer der Täter gewesen sein. Man spricht nämlich heute noch davon, dass es sich gar um eine Eifersuchtstat eines anderen Forstbediensteten gehandelt hat.

Das Marterl steht in der Nähe der Regenalm. Es gab dafür schon früher eines, das aber verfallen ist. Aber Ludwig Eder hat ein ganz neues und originelles Marterl geschaffen.

J. Landthaler Kgl. Baÿ.
Jäger, erschossen am 8.10.1848.
am Kirchbichl-Gotzenalm.
.Gedenket im Gebet seiner!!!

Zwei Morde an Jägern innerhalb von neun Tagen

Es ist reiner Zufall, dass sie beide Pfnür geheißen haben und beide innerhalb von neun Tagen hinterhältig umgebracht wurden. Verwandt sollen sie auch miteinander gewesen sein.

Am 2. September 1868 geschah es, dass der Jäger Josef Pfnür vom Hinterbrandlehen in Königssee von einem Unbekannten im Endstal hinterrücks erschossen wurde. Das Marterl steht nahe der Scharitzkehlalm, aber der Tatort dürfte weiter oben am Fuß des Hohen Göll gelegen haben.

Neun Tage später, am 11. September 1868, wurde der andere Jäger namens Pfnür (Vorname nicht mehr bekannt), der vom Viertelbrandlehen in Königssee gestammt hat, am Einstieg zum Hohen Brett von einem österreichischen Wilderer durch einen Bauchschuss tödlich verletzt. Man hat Ihn noch am gleichen Tag tot gefunden. Was mag das für ein schrecklicher Todeskampf gewesen sein!

Nahe des Tatortes wurde das vielen Bergwanderern bekannte Jägerkreuz errichtet.

JAGERKREUZ
EDELWEISS-CLUB
SALZBURG

Tragödie am Brandkopf 1855

Gleich dreimal hat Ludwig Eder das tragische Ende des 28 Jahre alten Wilderers Anton Grassl vom Kressgrabenlehen in Königssee dargestellt. Eine Marterltafel befindet sich im Heimatmuseum in Berchtesgaden und eine andere hat Ludwig Eder für die Eigentümer des Kressgrabenlehens gemalt. Die dritte befindet sich an der Stelle, an der das Opfer am Fuß des Brandkopfes am 12. Oktober 1855, beim sogenannten Pechweinloch, aufgefunden wurde.

Im Sterbebuch der Pfarrei Berchtesgaden aus den Jahren 1843 - 1857 ist darüber auf Seite 929 Folgendes vermerkt:

„Anton Grassl, Bauernsohn vom Kressgraben, Königssee, led. 28 Jahre, starb infolge eines Schrotschusses in den Rücken im Wald laut Gerichtskommission am Abend zwischen 6 und 8 Uhr am 12.10.1855. Beerdigt am 15.10.1855 früh 8 Uhr von Pater Dominik vom Kloster."

Es wird erzählt, dass Anton Grassl wahrscheinlich erst einige Tage nach der Tat gefunden wurde, was allerdings in einem gewissen Widerspruch zu den vorstehenden Daten steht. Bis zur Fundstelle haben sich Schleifspuren hingezogen, die darauf hindeuten, dass er oben auf der Höhe des Brandkopfes die tödlichen Verletzungen erlitt. Der Todesschütze konnte nicht ermittelt werden.

Am 12·10·1855 wurde Anton
Graßl von Kreßgraben-Königs-
see am Brandkopf beim Wildern
erschossen·Gedenket im Gebet!!
+++

Tod am Torrener Joch

Dieses Marterl befindet sich unweit des Schneibsteinhauses an dem von Ludwig Eder so bezeichneten „Oberen Marterlweg“ und stellt ein besonderes Wildererdrama dar. Nach der mündlichen Überlieferung wurde dabei ein Berchtesgadener Wildschütz, der bereits auf bayerisches Gebiet geflüchtet war, von österreichischem Staatsgebiet aus erschossen.

Entlang der Ostgrenze des Berchtesgadener Landes, angefangen im Norden beim Hohem Göll bis weit nach Süden einschließlich des Blühnbachtales, hat bis zum Ende des 1. Weltkrieges das ganze Hochgebirge dem Haus Habsburg gehört. Im Jagdschloss im Blühnbachtal verbrachte der am 28. Juni 1914 in Sarajevo ermordete Kronprinz und Erzherzog Franz Ferdinand von Österreich jeweils einen großen Teil des Jahres. In seinen Diensten stand als Oberjäger der ausgezeichnete Schütze und auch als großer Bergsteiger bekannte Richard von Lonsky.

Das Bluntautal unterhalb des Torrener Joches war wegen seines Wildreichtums für Berchtesgadener Wilderer besonders verlockend, so auch für den 40 Jahre alten Michael Roth vom Stangerlehen in Königssee. Wahrscheinlich hat der Oberjäger Lonsky schon öfters den Berchtesgadener Wilderern von seiner Jagdhütte unweit des Torrener Joches aus aufgelauert. Am 23. Mai 1882 erwischte er den genannten Michael Roth nahe der bayerischen Grenze noch auf österreichischem Boden. Es heißt, dass er ihm bloß einen „Denkzettel“ verabreichen wollte und daher nur auf die Beine des Flüchtenden gezielt hat. Dieser sprang jedoch schon auf bayerischem Boden in eine Bodensenke und erhielt dadurch einen tödlichen Schuss in den Rücken.

Es soll von offizieller bayerischer Stelle eine Protestnote wegen der Verletzung bayerischen Hoheitsgebietes nach Wien gegangen sein. Aber irgendwelche Konsequenzen hat dies offenbar nicht gehabt.

Am 23. Mai 1882 wurde Michl Roth aus
Königsee, am Torenner Joch beim Wildern
erschossen. Gedenket seiner im Gebet!!

Tod bei der Stubenalm am Watzmann

Der 23 Jahre alte Christian Fendt vom Wassererlehen in Bischofswiesen wurde am 8. November 1922 bei der Stubenalm am Watzmann, als er gerade einen Gamsbock geschossen hatte, von einem forstamtlichen Jäger aus Ramsau und seinem Jagdeleven gestellt. Christian Fendt versuchte zu fliehen und der Jäger rief dem Eleven zu, er solle schießen. Dieser zielte auf die Füße des Flüchtenden, der sich zusammenkrümmte und in einer Mulde Deckung suchte. Die Schüsse des aufgeregten Jagdschülers trafen Christian Fendt in die Brust und er verstarb an Ort und Stelle. Die beiden Jäger ließen den Toten liegen, wohl in der Absicht, ihn später zu bergen. Aber ein guter Freund des Erschossenen fand ihn noch am gleichen Tag und trug ihn hinunter nach Ramsau. Von dort brachte er ihn nachts mit einem Fuhrwerk zum Wassererlehen nach Bischofswiesen. Die Leiche legte er dort auf die Hausbank. Erst am Morgen fanden die Angehörigen den Toten.

Erzählt wird auch noch, dass an der Beerdigung des Erschossenen die Leute von weit und breit teilgenommen haben. Der Leichenzug soll vom alten Friedhof bis zum Kugelfeld hinaus gereicht haben. Viele haben dies als einen Protest gegen die vermeintliche Willkür der Forstbediensteten gedeutet.

CHRISTIAN FENDT VOM WASSERER
WURDE AM 8·11·1922·A·D·STUBEN=
ALM ERSCHOSSEN MIT 23 JAHRE·
GEDENKET SEINER IM GEBET!!

Gefahren der Waldarbeit

Das nachstehend abgebildete Marterl für den am 20. Januar 1888 von einem Baum erschlagenen königlichen Holzmeister Peter Grassl vom Glaserlehen in Königssee befindet sich etwa 100 Meter unterhalb des „Roten Kastl“ in Richtung Königssee.

Die näheren Umstände des Unglücks sind nicht mehr bekannt, aber was ein Holzmeister gewesen ist, muss doch näher erklärt werden.

Nach Auskunft von Forstamtsrat a. D. Günter Gödde hatten die Holzmeister im Berchtesgadener Land einst eine sehr wichtige Funktion und eine alte Tradition, die bis ins 14. Jahrhundert zurückreicht. Schon die Pröpste von Berchtesgaden haben zum Zwecke der Holzbringung ihr Land in acht Holzmeisterschaften eingeteilt, denen jeweils ein aus der einheimischen Bevölkerung stammender sogenannte Holzmeister vorstand. Dieser war so viel wie ein selbstständiger Unternehmer mit der Aufgabe, hauptsächlich die nächstgelegene Saline möglichst kontinuierlich mit dem notwendigen Holz zu versorgen. Für den Einschlag, den Abtransport und das Driften des Holzes beschäftigte so ein Holzmeister laut G. Gödde bis zu 80 Holzknechte, die er selber aus der ihm von der Saline oder vom Forstamt zufließenden Vergütung entlohnen musste. Offenbar hat sich die Einrichtung des Holzmeisters bewährt, weil sie bis etwa 1900 von der hiesigen Forstverwaltung fortgeführt wurde.

Zu dem Marterl ist noch bemerkenswert, dass der verunglückte Peter Grassl mit etwa 34 Jahren ein auffallend junger Holzmeister gewesen ist. Nach Meinung von Ludwig Eder ist sein Bereich die Holzmeisterschaft Königssee-Kessel gewesen.

Zu unterscheiden vom Holzmeister ist die Funktion des Waldmeisters. Dieser war als unselbständiger Bediensteter der Forstverwaltung für die Bewirtschaftung des Waldes insbesondere für Aufforstungen zuständig.

Geht man die sogenannte „Hohe Bahn“ (nach L. Eder „unterer Marterlweg“) weiter hoch, so trifft man gleich am „roten Kastl“ auf ein Doppelmarterl, wovon die linke Hälfte ebenfalls an den von einem umstürzenden Baum getöteten Waldarbeiter Rupert Hillebrand erinnert. Am 14. April 1919 ist der Verunglückte wohl erst einige Monate vorher aus dem 1. Weltkrieg glücklich heimgekehrt. Die schwere Waldarbeit wurde ihm zum Verhängnis.

Auf der rechten Hälfte des Doppelmarterls wird des tödlichen Absturzes eines 21 Jahre alten amerikanischen Studenten gedacht, der an dieser Stelle den Abhang zum Königssee auf einer Wanderung hinunterfiel. Obwohl sein Begleiter sofort die Bergwacht verständigte, konnte der Verunglückte nur noch tot geborgen werden.

Im 34 Jahr seines Lebens ist hier am
20 Januar 1888 der Kgl. Holzmeister
Peter Grassl v. Glaserlehen von einem
Baum erschlagen worden.
Gedenket seiner im Gebet!

16

Rupert Hillebrand ist
beim Holzarbeiten ver-
unglückt. + am 14. 4. 1919
Hier stürzte am 21. 6. 1973
ein 21jähr. Student 150 m.
tödlich ab.
Gedenket Ihrer im Gebet.

17

Tragischer Unfall nach der Jagd

Dieses Marterl befindet sich im Haus von Ludwig Eder. Es stellt den Abtransport eines erlegten Gamsbockes durch zwei Treiber und einen nachfolgenden Jäger dar. Und diesem Jäger ist es passiert, dass sich durch eine unglückliche Handhabung aus seinem Gewehr ein Schuss gelöst hat und dadurch der vorausgehende erst 17 Jahre alte Josef Eder aus Königssee tödlich verletzt wurde. Man muss sich vorstellen, dass es damals nur sogenannte Vorderlader-Gewehre gegeben hat. Diese waren für heutige Begriffe sehr großkalibrig und hatten so viel wie keine Sicherung. Schon ein Stolpern des Gewehrträgers könnte daher den Schuss ausgelöst haben. Trotzdem verbleibt der Vorwurf der groben Fahrlässigkeit, und der Schuldige wird wohl sein Leben lang daran getragen haben.

Unglücksfälle beim Holzdriften

Dieses Doppelmarterl, das an der Hochbahn gegenüber dem so genannten Roten Kastl angebracht ist, erinnert an zwei tödliche Unfälle beim Driften von Baumstämmen.

Über die Darstellung auf der rechten Seite wird von Günther Gödde in der Schrift „Die Holzbringung aus dem Einzugsgebiet des Königssees“ (Forschungsbericht Nr. 38 des Nationalparks Berchtesgaden) näher berichtet. Danach befand sich die 14-jährige Maria Kurz vom Hanötzlehen in Schönau im Sommer 1860 als „Kiahdirndl“ auf der zum Simonlehen in Schönau gehörigen Büchsenalm. Gerade als sie den Königsbach durchsteigen wollte, kam das vorher aufgestaute Driftwasser mit den Baumstämmen herabgestürzt und riss sie hinunter in den Königssee. Erst einige Tage später fand man sie tot am Ufer des Sees.

Es gibt darüber auch noch ein viel älteres, ebenfalls nachstehend abgebildetes Marterl, das Ludwig Eder vor dem Ver-

fall gerettet und dem Berchtesgadener Heimatmuseum zur Aufbewahrung übergeben hat. Die Inschrift darauf lautet:

„Anno 1860 den 7. Juli ist Maria Kurz von Hanöz im Hindurchgehen von dem Klaus Holz fortgerissen und neben dem See tot aufgefunden worden. Liebe Eltern weinet nicht, Gottes Wille ist geschehen. Ich stehe vor Gottes Angesicht, dort gibt es ein Wiedersehen."

Über das andere auf der Tafel dargestellte Unglück, dem Johann Grassl aus Königssee zum Opfer gefallen ist, konnte Günther Gödde keine näheren Einzelheiten in Erfahrung bringen. Er meint, dass das nur mündlich überlieferte Datum (2.5.1869) vielleicht falsch ist, weil unter dem Datum im Berchtesgadener Sterbematrikel keine Eintragung zu finden ist.

Das Wort Klaus oder Klause (vom lat. clausum = Verschluss) bedeutet hier eine aus Holz gefertigte Bachsperre, hinter der das Wasser zunächst aufgestaut wurde und dann die Baumstämme eingelassen wurden. Beim Öffnen der Klause riss das Wasser die Baumstämme mit in die Tiefe. Solche Klausen gab es an vielen Gebirgsbächen. Aber der Vorgang der Holzbringung war örtlich sehr verschieden. Für das Holzdriften über den Königssee gab es ein besonderes Verfahren, das so genannte Bogenziehen. Darüber berichtet Günther Gödde in dem erwähnten Forschungsbericht (S. 41ff) sehr ausführlich. Man umgab das im See schwimmende Holz mit langen Baumstämmen, die miteinander verbunden waren, und driftete es so in die Königsseer Ache und darin bis zur Saline Frauenreuth, die sich nahe des jetzigen Berchtesgadener Hauptbahnhofes befand. Der allergrößte Teil des um den Königssee gewonnenen Holzes wurde nämlich zum Salzsieden benötigt. Oft litt die Salzproduktion an der mangelnden Holznachfuhr. 1927 wurde die Saline Frauenreuth an die Deutsche Reichsbahngesellschaft verkauft und damit der Betrieb eingestellt.

Anno 1860 den 7ten Juli ist Maria von Hanöz
im Hindurchgehen von dem Klaus Holz fortgerissen und
neben dem See tot aufgefunden worden.
Liebe Ältern weinet nicht, Gottes Willen ist geschehen.
Ich stehe vor Gottes Angesicht, dort

Das „Rote Kastl" am unteren Marterlweg

Das nebenstehend abgebildete so genannte Rote Kastl bildet den Mittelpunkt des unteren Marterlweges. Umgeben ist es von mehreren Tafeln, die alle Werke Ludwig Eders sind. Die Inschrift über der Marienstatue im „Roten Kastl" lautet: „Erbaut 1735, renoviert 1807, neugestaltet 1980". Die Neugestaltung ist allein Ludwig Eder zu verdanken. Er hat nämlich 1980 aus Fichtenholz ein ganz neues Gehäuse geschaffen und dieses seither auch immer wieder neu bemalt.

Bereits in dem Bericht über die Gefahren des Erzbergbaues am Königsberg wurde erwähnt, dass beim Roten Kastl eine besonders gefährliche Wegstrecke für die Bergleute begann. Diese war erst bei dem auch jetzt noch bestehenden Bildstock Hirschgatter zu Ende. Es war üblich, beim Roten Kastl ein Bittgebet und dann beim Bildstock Hirschgatter ein Dankgebet zu sprechen.

Nicht ohne weiteres sichtbar ist für den Wanderer die links im „Kastl" angebrachte Tafel mit einer Schutzmantelmadonna. Darunter steht das Bittgebet: „Maria breite bitte deinen Mantel aus, lass uns alle unterstehn und alle Gefahren vorübergehn." (Nr. 20 a)

20 a

Die oft unterschätzten Gefahren des Bergwinters

Dieses oberhalb des „Roten Kastls“ angebrachte Doppelmarterl bezeugt zwei tragische Ereignisse, die gar nicht weit voneinander geschehen sind.

In der Neujahrsnacht von 1944 auf 1945 sind die beiden aus Trostberg stammenden jungen Frauen Christl Mahl und Gerti Huber beim Abstieg vom Schneibsteinhaus nach Königssee erfroren. Sie sollen sich, so erzählt Ludwig Eder, vorher eine damals im letzten Kriegsjahr wohl bescheidene Sylvesterfeier vergönnt haben. Vielleicht waren sie beide Wehrmachts- oder Luftwaffenhelferinnen, wie so viele junge Frauen am Ende des Krieges. Man vermutet, dass sie vom Weg abgekommen sind und dann von einem abgetretenen Schneebrett in eine der gefährlichen Senken gerissen wurden. Von dort gab es kein Entrinnen mehr.

Wie gefährlich diese Strecke für jedermann im Winter sein kann, beweist auch der Tod des erfahrenen Bergführers und Hüttenwirts vom Schneibsteinhaus Josef Kurz am 10. Februar 1950. Er hat die Abfahrtsstrecke und den gefährlichen Graben, wo die beiden Frauen aus Trostberg erfroren sind, gut gekannt und er konnte dennoch dem Unheil nicht entkommen. Er ist allein abgefahren und es konnte ihn niemand aus der Lawine, die ihn verschüttet hatte, befreien. Nach Ludwig Eder sind bei der Abfahrt durch den gefährlichen Graben sonst immer zwei Leute zusammengeblieben. Einer ist vorausgefahren und hat nach Überqueren des Grabens drüben auf den anderen gewartet, bis auch dieser heil angekommen ist.

Jos. Kurz - Bergführer
ist hier durch eine
Lawine umgekommen
am 10.2.1950

Tod durch Erfrieren

Das Marterl zum Gedenken an den tragischen Tod von Stanislaus Hölzl steht am Metzenleitenweg etwa 200 Meter unter dem Hausknechtlehen. Die genauen Umstände, die zum Erfrierungstod des Stanislaus Hölzl vom Hornkendllehen geführt haben, sind nicht mehr bekannt. Er mag wohl mitten im Winter eine schwere Last den Berg hinaufgetragen haben, ist erschöpft am Wegrand sitzen geblieben und dabei eingeschlafen.

Das Marterl ruft zugleich die Erinnerung wach an drei nicht mehr existierende Anwesen, nämlich außer dem genannten Hornkendllehen an das Votzlehen und die Ochshütte. Diese ganz abgelegenen und noch weit hinter dem heutigen Wolfenweg gestandenen Anwesen wurden 1862 von der Forstverwaltung aufgekauft und vollständig aufgeforstet. Heute erinnern dort inmitten des Hochwaldes nur noch spärliche Reste der Grundmauern daran, dass dort einmal drei landwirtschaftliche Gebäude standen, die wohl immer nur schwer zu bewirtschaften waren. Man weiß heute noch, dass die Bewohner im Winter das Trinkwasser vom Tal herauftragen mussten. Wie mühsam ist das Dasein der Bewohner solcher Anwesen damals doch im Vergleich zu heute gewesen!

Stanislaus Hölzl v. Hornkendl=
lehen, ist am 8.2.1849 auf dem
Heimwege erfroren.
Gedenket seiner im Gebet!!

Tod durch Ertrinken

Dieses Marterl befindet sich in der Gnotschaft Anzenbach, einem Teil der früheren Gemeinde Salzberg, an einem Ahornbaum nahe dem Ort des tragischen Geschehens. Die Brücke führt unmittelbar nach dem Zusammenfluss von Anzenbach und Gererbach über den Wildbach, der von da an offiziell nur noch Anzenbach heißt. Die heutige, sehr stabile Brücke lädt den Wanderer an diesem idyllischen Platz zu einem Halt ein, um dem Rauschen des Wassers zu lauschen und die Forellen unter der Brücke zu betrachten. Folgt man der Darstellung auf dem Marterl, so hat es sich damals um einen einfachen Holzsteg gehandelt, der wohl schadhaft gewesen ist, denn die Darstellung weist auf einen Bruch des Geländers hin. Genaueres über das Unglück wissen wir heute nicht mehr. Aber auch ein Sturz in einen nur weniger als einen Meter tiefen Bach kann tödlich sein. Wenn der Bach damals im Winter gar Hochwasser geführt hat, gab es für den Verunglückten keine Rettung mehr.

Das Marterl weckt auch Erinnerungen an die Flutkatastrophe vom 26. Juni 1998 wach, als der Gererbach zum reißenden Ungeheuer wurde und großen Schaden anrichtete.

Hier verunglückte am 19.1.1906
Anton Schweiger v. Schabltehen
im 56. Lebensjahr.
Gedenket seiner im Gebet!!

Der tragische Tod eines Hüterbuben

Dieses Marterl ist das erste auf der linken Seite, wenn man vom Schneibsteinhaus den „oberen Marterlweg“ hinuntergeht. Neben dem tragischen Geschehen erinnert es auch sehr deutlich an die damaligen sozialen Verhältnisse. Der „Kühbub“ Paul Kranawetvogel hat von der Sulzermühle in Ettenberg gestammt und musste sich schon mit 13 Jahren nach Beendigung der Volksschule ins Hafnerlehen nach Königssee verdingen, wo er im Sommer 1903 auf der Königsbergalm als Viehhüter beschäftigt wurde. Man erzählt, dass er am Abend, als es schon dämmerte, eine entlaufene Kuh gesucht hat. Dabei hat er sich in der Dunkelheit verirrt und ist am Schlimmelkopf, der schon Teil des Schneibsteines ist, in eine Felskluft gestürzt. Das Skelett des Buben fand man erst sechs Jahre später im August 1909.

ranawetvogel 13 Jahre
hbub auf d. Königsberg=
gestürzt am 4.9.1903
en, 6.9.1909. Ged. im Gebet

Lawinenunglück am Torrener Joch

Eine recht vergnügliche Skitour muss es damals am 12. Januar 1947 jedenfalls am Anfang gewesen sein. Die drei, nämlich Elisabeth Kurz vom Kranawetvogellehen in Königssee, Sebastian Brandner, damals Träger im Stahlhaus, und Gretl Allersberger aus Golling, eine Verwandte des damaligen Stahlhauswirtes, waren an dem Tag schon einmal mit ihrer damals noch sehr einfachen Skiausrüstung in Richtung zum Hohen Brett aufgestiegen und dann Richtung Torrener Joch abgefahren. Als es um die Wiederholung der Tour ging, blieb Elisabeth Kurz doch lieber im Stahlhaus zurück, weil ihre Kräfte schon erschöpft waren. Die zwei anderen fuhren nach dem wiederholten mühsamen Aufstieg die gleiche Strecke dicht beisammen ab und da traf sie beide gleichzeitig die vom Hohen Brett herabdonnernde gewaltige Lawine. Den riesigen Schneemassen nach müssen sie beide sofort tot gewesen sein.

Bekannt ist, dass Sebastian Brandner erst zu Pfingsten des Jahres gefunden wurde, was auch das Taferl berichtet.

In der großen Lawine am Torenner-
Joch am 12.1.1947, kamen ums Leben:
Greti Allersberger 33 J. Golling +.
Seb. Brandner 26 J. Königssee, wurde
gefunden am 24.5.1947 +.
Wir gedenken ihrer im Gebet !!!

Absturz beim Edelweißpflücken

Dieses Marterl (Nr. 26) hängt an einem Baum am Weg zu den Priesbergalmen etwa 100 m unterhalb des so genannten Widlbrandkasers. Der 16-jährige Franz Hasenknopf vom Holzloblehen in Königssee-Faselsberg war auf einer der Priesbergalmen als „Kiahbua“ beschäftigt, wo nicht weit oben in Richtung Seeleinsee und Kahlersberg der Stiergrabensteig beginnt. Dieser Steig wird streckenweise links von dem fast senkrechten Abbruch des Fagsteins begrenzt. Wagemut und vielleicht auch Leichtsinn haben den jungen Kiahbuam zu einer Kletterpartie nach den begehrten Edelweißblüten verführt. Der tödliche Ausgang solcher Unternehmen kommt leider nicht nur im Lied, sondern auch in der Wirklichkeit vor.

Franz Hasenknopf 16 J. Holz=
lob, ist am 14.8.1924 im Stier=
graben tödlich abgestürzt
Gedenket im Gebet!!!

Absturz vom Grünstein

Auch jüngeren tragischen Unglücksfällen hat Ludwig Eder in seinem unermüdlichen Schaffen gedacht. Dazu gehört das auf dem Grünstein nicht weit von der Absturzstelle angebrachte Marterl (Nr. 27) für Rosemarie Renoth aus Schönau am Königssee.

Die ebenfalls von Ludwig Eder gefertigte und beschriftete Tafel (Nr. 27 a) erinnert an den 1990 abgestürzten Alois Kandlinger aus Schönau am Königssee. Sie ist zugleich eine Warnung für den Wanderer vor einem Weitergehen.

Man sieht es dem 1304 Meter hohen Grünstein nicht an, dass er so gefährliche Abhänge hat. Aber an der steilen Nordseite gibt es bei einem Ausrutscher keinen Halt mehr.

Alois
Kandlinger
iſt hier
abgeſtürzt
im 28. Lebensj
am 19.2.1990

Gefahren des Almlebens

Auf dem Weg zur Scheibenkaseralm am Untersberg hat Ludwig Eder vor einigen Jahren dieses Bittmarterl (Nr. 28) zum Schutz der Almleute und der Alm selbst angebracht. Neben dem Schutz der Gottesmuter wird darauf auch die Hilfe von zwei Viehheiligen erfleht. Es sind dies der hl. Leonhard, der im 6. Jahrhundert gelebt hat, und der hl. Antonius von Padua aus dem 13. Jahrhundert. Nicht ohne Grund wurde dieses Marterl nahe dem Scheibenkaser angebracht. Es handelt sich nämlich wegen der steilen Lage unter der Südostwand des Untersberges um eine besonders schwierig zu bewirtschaftende Alm. Schon viel früher hat Ludwig Eder das unter Nr. 29 abgebildete und bei ihm daheim verwahrte Dankmarterl geschaffen, das an ein Ereignis aus dem Jahre 1827 erinnert. Nach dieser Darstellung wurde am 26. Mai dieses Jahres der Almkaser durch eine vom Untersberg herabstürzende Schneelawine

zerstört und beinahe wären dabei die zwei Almer Josef und Johann Stainbacher zu Tode gekommen.

Der Kenner des Untersberges mag dazu beim Lesen des Datums allerhand Überlegungen anstellen. Ende Mai sind die Almwiesen um den Scheibenkaser und die Halde darüber fast jedes Jahr schon längst schneefrei. Der Viehauftrieb findet jährlich anfangs Juni statt. So haben wohl die beiden den Almkaser zum Auftrieb herrichten wollen, obwohl darüber noch große Schneemassen lagen. Oder kam die Lawine gar aus der Südostwand des Untersbergs? Die Alm liegt ja fast genau unter dem Gipfel des Berchtesgadener Hochthrones. Vorausgegangen ist wohl ein langer harter Winter mit viel Schnee. Aber die Futternot trieb damals Menschen und Vieh sehr früh auf den Berg. Heute ist der Scheibenkaser jedes Jahr bis weit in den Herbst hinein ein beliebtes Wanderziel für Bergfreunde mit mittleren Ansprüchen. Zur Stärkung gibt es dort auch eine Brotzeit.

Bärenjagd auf dem Königssee

In „Berchtesgaden im Wandel der Zeit" von A. Helm, erschienen 1929, steht auf Seite 99 über einen auch als Klosterjäger bezeichneten Urban Fürstmüller Folgendes: „Fürstmüller Urban, fürstpröpstlicher Fischmeister im 17. Jahrhundert, der berühmteste Jäger des Stiftes, erlegte 25 Bären und 43 Steinadler. Im Wirtshaus zu St. Bartholomä befindet sich ein Bild von einer gefährlichen Bärenjagd, bei der er beteiligt war."

Ludwig Eder hat nach diesem Bild eine eigene Darstellung dieser Begebenheit gefertigt, die nachstehend unter Nr. 30 zu sehen ist. Unter Nr. 30 a ist das im Jägerstüberl des Wirtshauses St. Bartholomä befindliche Bild zum Vergleich gegenübergestellt. Rechts und links von diesem Bild ist in der Gastwirtschaft die damalige Jagd auf „wilde Tiere" ausführlich beschrieben. Es heißt dort auch, dass der Bär, wie es seine Gepflogenheit war, auf das andere Ufer des Sees hinüberschwimmen wollte, was ihm leider zum Verhängnis wurde. Heute fehlt für diese Art der Jagd jegliches Verständnis. Aber damals sah man Bären und Adler als sehr schädliche und gefährliche Tiere an.

Noch eindrucksvoller ist die unter Nr. 30 b abgebildete Bärenjagd, die nach der Beschreibung ein Menschenleben gekostet hat. Das Original dazu stammt aus einem früheren Antiquitätengeschäft in Berchtesgaden.

30 a

30 b

Wirbelsturm auf dem Königssee

Ludwig Eder hat die Tafel (Nr. 31) nach einem Votivbild gemalt, das sich bis etwa Mitte der 70er Jahre in der Wallfahrtskirche St. Bartholomä befand. Das Originalbild soll jetzt im Bayerischen Nationalmuseum in München sein.

Die hier dargestellte Geschichte stammt noch aus der Zeit vor der Einführung der Motorschifffahrt auf dem Königssee im Jahre 1909. Es zeigt einen sturmgepeitschten See mit drei Männern in höchster Seenot. Kann es das auf dem schönsten See Bayerns überhaupt geben? Wer das nicht glaubt, muss darüber in dem 1996 im Plenk-Verlag Berchtesgaden erschienenen Büchlein „Von der alten Ruderschifffahrt am Königssee“ nachlesen. Darin schreibt der Autor Joseph Hinterbrandner, ein alter Königsseeschiffer:

„Wer nicht selbst am Königssee schon einen schweren Wirbelsturm erlebte, der hat von der gewaltigen Stärke desselben keinen Begriff.“

In dem Büchlein hat Joseph Hinterbrander mehrere Arten von Stürmen beschrieben, darunter auch den Wirbelsturm, der durch den Kesselgrabenwind verursacht wird. Es heißt dort: „Dieser Sturm saust mit ungeheuerer Wucht den Kesselgraben herunter, schräg hinüber über den See in den Eiswinkel, ebenfalls eine Wasserwolke mit sich reißend.“

Genau dieser Wirbelwind scheint nach der Darstellung auf der Votivtafel das Boot mit den drei Männern erfasst und sie an St. Bartholomä vorbei in den Eiswinkel getrieben zu haben. Flehentlich erheben die drei in höchster Todesnot hilfesuchend die Arme gen Himmel. Der hintere im Boot hält noch ein zerbrochenes Ruder in der Hand. Weitere Sturmerlebnisse dieser Art sind in dem genannten Büchlein von J. Hinterbrandner enthalten.

Durch die Fürbitte der hl. Muttergottes
wurden wir am 6.9.1908 aus dem grossem
Sturm gerettet. Ex Voto. M. Stöckl. Michl
Midaner. J. Schwaiger.

Das Gelöbnis einer jungen Sennerin

Dieses Dankmarterl hat Ludwig Eder mit viel Phantasie nach der in einem alten Kalender enthaltenen Schilderung gemalt. Früher schrieb man bestimmte Ereignisse für die Nachfahren in solche Büchlein. Es stand darin, dass ein Almbauer vor dem Almauftrieb in großer Not war, weil die schon etwas betagte Sennerin plötzlich krank geworden war. Da fand er als mögliche Aushilfe ein erst etwa 14 Jahre altes Mädchen, das aber große Angst vor einer solchen Aufgabe hatte. Da gab man ihr den Rat, sie solle für einen glücklichen Almsommer der Gottesmutter Maria eine Danktafel geloben. Die junge Sennerin hat die Sömmerung des Viehs auf der Alm dann auch gut überstanden und ihr Versprechen gehalten.

Leider ist das ursprüngliche Marterl verschwunden. Man weiß auch nicht mehr, wo es angebracht war. Aber Ludwig Eder hat das „almerische Leben" der jungen Sennerin rührend dargestellt. Da tränkt sie im Vordergrund gerade ein Jungtier und im Hintergrund steht ein malerischer Almkaser, worin im offenen Herd ein Feuer brennt und darüber in einem Kessel Käse gekocht wird.

Ludwig Eder meint, dass es sich um eine Alm auf dem Untersberg gehandelt hat, wahrscheinlich um eine der Zehnkaser-Almen.

Dazu berichtet Ludwig Eder auch von den früher üblichen Wallfahrten nach Dürrnberg zum Dank für einen unfallfreien Almsommer. Diese fanden jährlich im Oktober nach dem Almabtrieb an so genannten Goldenen Samstagen statt. Noch recht lebhaft erinnert sich Ludwig Eder daran, dass er selbst einmal, als er erst etwa neun Jahre alt war, mit seiner Mutter eine solche Wallfahrt mitgemacht hat.

Ex Voto.
Der Hl. Mutter
zum Dank verlobt
für den Alm=
sommer
1838.

Die Pestsäule am Lattenbach in Ramsau

Die unter Nr. 33 abgebildete Ramsauer Pestsäule steht rechts an der Straße nach Hintersee, ganz in der Nähe der Brücke über den Lattenbach. Der Steinmetz, der die Säule aus Ramsauer Nagelfluh kunstvoll geschaffen hat, ist nicht mehr bekannt. Der Aufsatz über dem Kapitell der Säule hat eine tiefe Nische und das Ganze wird von einem so genannten Brabanter Kreuz gekrönt. In der Nische befand sich ursprünglich ein Bild der hl. Anna.

Vor etwa zehn Jahren machte sich Ludwig Eder an die Restaurierung der Säule. Bei der Säuberung des Schafts der Säule kamen ein eingemeißelter Anker und darunter ein Kreuz zum Vorschein. Anstelle des stark verblichenen Annabildes in der Nische hat Ludwig Eder ein neues, besonders farbenprächtiges Votivbild geschaffen, worunter steht: „Der Heiligsten Mutter, dem Pestheiligen Rochus zum Dank für Rettung v. d. Pest.1648“ Damit ist der Grund für die Errichtung dieser Pestsäule zum Ausdruck gebracht. Während die Pest im letzten Jahr des Dreißigjährigen Krieges im ganzen Land und besonders im östlichen Teil des Ramsauer Tales schrecklich viele Opfer gefordert hat, blieb der westlich des Lattenbaches gelegene Teil von Ramsau von der Pest verschont. Man führte die Errettung von der Seuche auf die Gebete zur hl. Maria und zum hl. Rochus zurück. Sehr deutlich hat Ludwig Eder dies auf dem Dankmarterl dargestellt: Die betenden Eheleute auf der Westseite des Baches und der Pestheilige Rochus mit dem Hund und dem Wanderstab auf der Ostseite und darunter die Grabkreuze der vielen Opfer der Pest. Der hl. Rochus hat um 1300 in Südfrankreich gelebt und hat auf einer Pilgerfahrt in Italien viele Kranke gepflegt und geheilt. Selbst von der Pest angesteckt und wie durch ein Wunder geheilt, wurde er zum Schutzpatron gegen Pest und andere Seuchen. Ein Hund hat ihn während der Krankheit der Sage nach mit Essen versorgt.

Der heiligsten Mutter, dem
Pestheiligen Rochus zum
Dank für Rettung v. d. Pest.
1648

Alte Zeichen der Volksfrömmigkeit

Die Originale der folgenden vier Votivtafeln sind alle mehr als 200 Jahre alt. Ludwig Eder hat sie mit besonders viel Mühe und Geschick rekonstruiert.

Die Abbildung Nr. 34 erzählt von einem Felssturz im Jahre 1736. Gewaltige Steinmassen und Baumstämme stürzen da den Steilhang herab auf die Almkaser zu und zwei Almleute entfliehen in Todesangst der Gefahr. Der Zahl der Almkaser nach kann es sich wohl nur um die Königsbachalmen gehandelt haben.

Die Abbildung Nr. 35 schildert einen Lawinenabgang vom 20. Mai 1792, wozu die Örtlichkeit des Geschehens nicht mehr festgestellt werden konnte. Aber die überaus gefährliche Situation für die zwei Männer und das Lasttier ist deutlich sichtbar.

34

Am 20 Maÿ 1792 wurden
wir vor einer Lawine
gerettet. Der Hl. Mutter
zum Dank diese Tafl.
EL

Auf der Abbildung Nr. 36 sind sogar die Namen der zwei Männer festgehalten, die der offenbar sehr großen Gefahr glücklich entronnen sind. Die Gurwand (auch Gurrwand geschrieben) befindet sich auf der Westseite des Achenkopfs, einem Nebenberg des Untersbergmassives, und ist Hallthurm am nächsten gelegen. Lahn ist ein altes Wort für Lawine.

Ganz dramatisch ist auch die Darstellung auf der Tafel Nr. 37, welche die großen Gefahren des Holzdriftens vor Augen führt. Ein Waldarbeiter ist in die Klamm (= Schlucht) gestürzt und versucht, sich aus den Wassermassen zu befreien. Zwei Arbeitskameraden kommen ihm zu Hilfe, was offenbar nicht ohne Erfolg geblieben ist.

EL 75
Durch die Hilfe der Hl. Mutter=
gottes wurde ich beim Holz=
triften aus der Klamm ge=
rettet. In Dankbarkeit
Dominikus Sonnweber 30.6.1800

Zwei Marterl am Wallfahrtsweg nach Maria Gern

An der Doktorbergstraße und am Fußweg gleich hinter dem Oberweinfeldhof in Berchtesgaden markieren zwei Bittmarterl den alten Wallfahrtsweg nach Maria Gern. Eine Steinsäule trägt das Bild am Doktorberg, das Bild hinter dem Oberweinfeld ist holzumrahmt und wird von einem Metallrohr gehalten. Beide Bildtafeln erinnern an die einst sehr bedeutsame Marienwallfahrt nach Maria Gern. Begonnen hat die Wallfahrt etwa um das Jahr 1600 zu einem Gnadenbild in einer Kapelle, die am alten Fahrweg nahe der heutigen Angererkapelle gestanden hat. Dann brachte 1666 der fürstlich Salzburgische Unterwaldmeister Wolfgang Hueber das von ihm geschnitzte heutige Gnadenbild in die Gern, was Anlass zu einem neuen Kapellenbau und später 1710 zum großen Kirchenbau gewesen ist. Für die Marienstatue mit dem Jesuskind gibt es dort insgesamt 24 verschiedenfarbige, aus der Barockzeit stammende Prunkgewänder, deren Wechsel sich nach der Einteilung des Kirchenjahres, insbesondere der Marienfeiertage, richtet.

So hat Ludwig Eder zwei dieser Prunkgewänder hier dargestellt und bei genauerer Betrachtung sieht man auch zwei verschiedene Kronen. Aber auch die Mariendarstellungen auf vielen seiner sonstigen Bildtafeln weisen eine Ähnlichkeit mit der Gnadenstatue in Maria Gern auf.

Heilige Mutter in der Gern
bitt für uns bei Gott d. Herrn.

Rettung aus höchster Lebensgefahr

Auch für die folgende Votivtafel (Nr. 40) hat Ludwig Eder ein altes, nicht mehr erhaltenes Vorbild aus dem Jahre 1796 verwendet. Darauf sind besonders drastisch zwei Begebenheiten dargestellt, die den Stifter in höchster Lebensgefahr zeigen. Rechts scheuen die Pferde und der Mann gerät unter den umstürzenden Wagen, links wird er von einem wilden Stier angegriffen und beinahe eine steile Wand hinuntergestoßen. Die Errettung aus solchen Gefahren war wohl Grund genug, ein Dankmarterl zu stiften.

llerseligsten Gottesmutter Maria
ahr entronnen. Ex Voto. 12. 8. 1796.

Dank eines Kriegsheimkehrers

Noch viele andere Bitt- und Gedenktafeln im Raum Berchtesgaden tragen die Handschrift von Ludwig Eder in Wort und Bild und auch durch die kunstvoll von ihm geschreinerten Umrahmungen. Sie können hier nicht alle dargestellt werden. Aber wegen des interessanten geschichtlichen Hintergrundes sei eines herausgestellt, nämlich ein Kruzifix mit Marienbild und einer Bittschrift (Nr. 41). Der Standort ist eine Felswand, etwa 200 m unterhalb der Wallfahrtskirche in Ettenberg. Das schmiedeeiserne Kreuz stammt nach Meinung von Ludwig Eder eindeutig aus der Schmiede des Erzbergwerkes Achental bei Teisendorf. Auf der Rückseite des Kreuzes ist eingraviert: „A.W. Dietl 1867“. Ludwig Eder weiß vom Hörensagen, dass dies ein Heimkehrer aus dem letzten unglückseligen Krieg zwischen Preußen und Österreich gewesen sein soll. Dieser Krieg, bei dem Bayern auf der Seite Österreichs stand, endete bekanntlich mit dem Sieg Preußens bei Königgrätz im Juli 1866 und dem Ausschluss Österreichs aus dem Deutschen Bund.

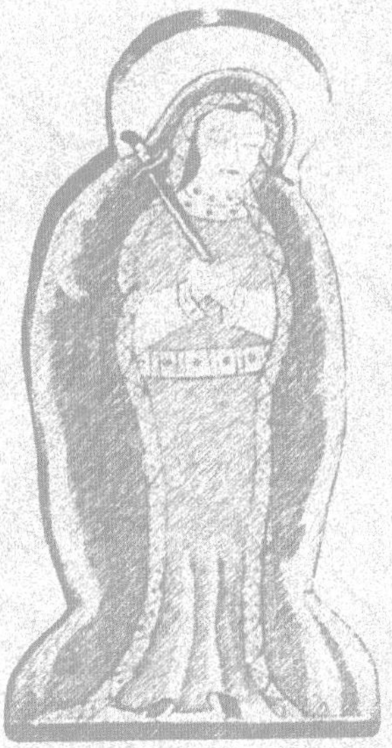

JNRJ
heilige
Muttergottes
von Ettenberg
bitte für uns